# PIJA
# BIRRA
# FASO

prole.

# PIJA
# BIRRA
# FASO

Ioshua

*A la memoria de mi mamá*

# Dale pibe dale

Pura cumbia
Pura pija
Puros pibes
Puras ganas
Pura merca
Pura leche
Pura gira
Puro pete
Pura birra
Puro macho
Pura paja
Puro puto

Mueva mueva
Vamo los pibe!

# Tigre

Por guita siempre es más fácil
porque así besás sin saber del horror de amar.
Por guita siempre es más fácil
porque así no esperás que dure mucho
Ni que él te espere en la parada del bondi
ni que te despierte con un beso en el cuello
ni nada.

Por guita siempre es más fácil
porque así no esperás nada de él.
Así es como lo aprendí una noche en la
    estación de Tigre.

Con merca siempre es más fácil

Porque así beso sin saber del horror de amar.
Porque así no espero que dure mucho
Ni que él me espere en la parada del bondi
ni que me despierte con un beso en el cuello
ni nada.

Por guita y con merca siempre es más fácil
porque así los días no duran nada.

# Roto

De trago en trago
de boca en boca
siempre manija del amor
vas,

De mentira en mentira
de bolsita en bolsita
vas.

Ay, corazón falopero
siempre manija del amor,
la mañana encuentra
tus ojos como estrellas.

El sol tan alto
y este pibe tan lindo,
tan perdido.

# El hijo del fletero

A cualquiera no.
Yo quiero a ese nomás… y a lo mejor, no sé,
    a ningún otro.
Sí. Yo quiero a ese nomás, porque mi pecho es
    más pecho contra el suyo, mis manos son más
    manos entre las suyas y mi boca, uh, mi boca
    ya es más boca jugando con la suya.

Y así todo eso y todo esto también.

En serio, por eso yo no quiero a cualquiera.
Yo quiero a ese nomás, porque si me hago viento
    ya soy más viento en su galope y entre los dos
    hacemos un viento bueno, un viento fuerte y
    bueno que pega en el pecho, que enreda las
    manos, que juega en las bocas, que ya hace
    más fuerte y bueno nuestro galope.

Por eso, en serio. No. Yo no quiero a cualquiera.
Yo solo quiero a ese nomás. Sí. Mucho.
Yo solo lo quiero a él… y a lo mejor, no sé,
    a ningún otro.

## Don't save

Que me queden las ganas
de poner en palabras
lo que me pusiste anoche en el corazón.
Me muevo y no doy nada.

Soy un asco de borracho,
de ganas de tomar merca,
de querer cogerte o que me cojas.

Me quedo en la punta de tu mano
sin caerme del todo
pero hace años ya en el piso.

No puedo parar de pensar.

Soy un asco de remordimiento,
de ganas de tomar merca,
de querer cogerte o que me cojas.

Que me queden las fuerzas
de poner en palabras
que no puedo parar de pensar
que soy un asco de haberte amado tanto
y hoy solo lleno el fin de semana

sin parar de pensar
en que te queden las ganas
de verme otra vez.

# A la tarde, de todo

Por la estación, me das fuego para el último
   cigarrillo y te vuelvo a besar con los labios
   rotos.

Ni pensamos hablar, ahora no.
Mejor peguemos una birra más y caminemos
   un rato.

Nos miramos, reímos, caminamos, escabiamos
   un poco de birra pero ni pensamos hablar…
   en serio, todavía no.
Posta.

Así este rato la vida es buena porque estamos
   juntos, porque la birra está bien fría,
   porque me tocás la cara con ternura,
   porque tengo una bolsita de 20 en mi pieza,
   porque no trajimos remera, porque me
   acuerdo una canción de los Redonditos de
   Ricota
y porque me decís que se te paró la pija.

Loco, me gustás tanto.

Sí, claro que podés venir después a mi casa.

Sí, claro que quiero dormir con vos.

LE DIJE SÍ A TODO

A cada trago

A cada pitada

A cada billete

A cada instante o esquina o mirada o refucilo.


Mi faca gruñe tu nombre en las paredes
     chorreadas de la tetera.


Voy a quedarme callado
para que me escuches mejor.

### LO QUE TENÍA SE VA EN TRAGOS

agrios
profundos
y fríos.

Con lo último del día.

Con lo último del día que tiembla en el trago
agrio, profundo y frío.

Yo lo miro mientras me lo cojo
y pienso lo mío para no perderme,
otra vez,
Para poder soportar el bajón
y caminar un poco careta
a pesar de tantos días
Agrios
profundos
y fríos.

## Paso del Rey, Moreno, Plaza Flores, Pacheco, Benavídez, Paraguay y Callao

Cerré los ojos para abrirlos lejos y más fríos.
Tuve que abrirme los nudillos y se me cerraron
    haciéndose desconfiados,
altaneros,
prepotentes.

Mi cuerpo se hizo de piedra con cada cliente
    que lo tocó,
que lo apretó,
que lo tragó.

Cuando tenés frío y hambre
es cuando tenés miedo y no tenés corazón
porque tenés los ojos lejos
Los nudillos abiertos
El cuerpo de piedra
Sabor a merca en el paladar
y un lompa que te marca bien el bulto
invitando a quedarte una hora más
en esta vida de mierda.

# Los Ramones

Casi escondidos
apenas hablando
quizá una sonrisa
para tener la excusa de abrazarme.

Apenas hablando de Los Ramones
sospecho una sonrisa
y me sorprendés con un beso.

MARTÍN PEGÓ UNA BOLSITA
y nos invita a darnos unos tiros.
Marianito es el chico más lindo y cuando
toma merca lo es más todavía. Posta,
deberías verlo. Es precioso el guachito y
además me limpia la nariz para que yo no
salga escracho del cuartucho.
Es un kapo el guachito.

Es así, ya sabés…

Yo me jalo la vida en los baños.
Total… ya después me acuerdo que no me
querés, que me dijiste que soy cualquiera,
que vivo re loco, que no querés nada
conmigo, que ni te da meterte en mi
historia ni nada.

Yo me jalo la vida en los baños.
Total… ya después me tomo el bondi
escupiendo el sabor amargo del vodka,
unos whiscolas con Sergio, birra (mucha
birra) y el imborrable gusto a pija que te
queda cuando se la chupás en el baño a ese

pibe tan lindo de la remera sin mangas en
el Club 69.

Yo me jalo la vida en los baños.
Total… ya después me tiro a quebrar en el
   bondi
y te escribo esto
pensando en vos para siempre.

## Un pibe con la remera
## de Greenpeace


¿A quién le importa lo que pasa afuera?
Si mi corazón crece en esta piecita y solo de
  tu boca sale lo que quiero escuchar y solo
  en tus manos está lo que quiero recibir.

¿A quién le importa lo que pasa afuera?
Si acá estos pibes jugamos a enamorarnos y
  a ponernos re duros, todo… todo menos el
  corazón… que ya estaba duro mucho
  antes.

Yo no quiero que nos pase nada malo, pero…
así es este lío que nos pone al palo.
Juntos, claro, siempre juntos.

Pero sí, claro, este lío me gusta y pongo toda
  la jeta para darte más.
Pero sí, claro que yo no quiero que nos pase
  nada malo, pero…

Así es este lío de quererte tanto pero tanto
  que solo hace crecer a mi corazón en tu
  boca y solo entre tus manos.

Bueno. Así es este lío, mi amor.

Los pibes también amamos los payasos y la
pasta de campeón.

# No pibe no

Despertar. Preparar whiscola en una botellita
de pepsi y salir a patear hasta la casa de
algún amigo y mientras tanto mirar un par
de pibes por la calle. Coger con pendejos.
Fumar base en la casa del Santia. Comprar
una birra en la vieja de la vuelta. Chupársela
a Gastón. Comer algo. Volver a leer
"Jonathan" de Blas Matamoro. Conseguir
cigarrillos. Ensuciar las zapatillas. Sonreírle
a un pibe de la canchita. Tocar la guitarra.
Chupársela a Gustavo. Tomar otra birra.
Pasar por la casa de Rodri. Tomar otra birra.
Ensuciar más las zapatillas. Volver a mi
rancho y poner "No pibe" de Manal a todo
volumen.

# Angel's

Hay vidrieras que te animan.
Sin peinados no hay conquistas.
Fumo solo en las esquinas.

No me busques en la pista
Yo no sé bailar
Yo no sé bailar en la disco.

Algo rápido y sin vueltas.
Yo no busco nada serio.
Sin teléfonos ni besos.

Dame todo
Tomá algo.

Yo no sé amar
Yo sé amar en la disco.

¿QUÉ PIBE TENDRÁ LA BOCA MÁS HÚMEDA
   ESTA NOCHE?

¿Qué pibe tendrá el pecho más hinchado
   esta noche?

¿Qué pibe tendrá las piernas más tibias
   esta noche?

¿En qué pantalones vendrá el bulto más
    húmedo, hinchado y tibio
   esta noche?

¿En qué pecho atorrante
romperá a patadas el corazón
por irse al galope

Detrás de esa camionada de guachos
esa tropilla de chongos
esa jauría de pijas
esa piara de machos?

Yo no pregunto cuántos son
sino que vayan pasando.

# MDMA

Todo aprieta mis huesos
y aprieto mis dientes con fuerza
hasta romperlos.

Mi alma mugre
siente el frío del barro
en la espalda.

La lengua se anticipa al ruido
y busca ansiosa
el resto de lo que hicimos
acurrucados en mis uñas.

# El mal es hombre

Abro el libro en la página más abierta.
En esa que puedo decir de memoria con cada
  lágrima.
En esa que dice lo mismo desde la primera vez
  que estuvimos tan cerca que teníamos el
  olor del otro entre los dedos.

Ya fue.

Por todas las veces que cobré por coger
pagaría para que me amen
y que quede algo.

De lo que ya se fue
De lo que ya perdí
De lo que ya gasté
Que se quede algo
conmigo.

# Ken Ryker

Soy un grito.

Voy a escribir mi voz.

Voy a hablar con mis huesos
para llamar al incendio.

Voy a decir las cenizas
de la única voz que escucho y escucho
y escucho y escucho y es.

Que equivocado es mi corazón
después de haber amado.

# Amistad o nada

Alto guacho;
jeta joya;
re piola
de boca y sentimientos.

Alto guacho;
te doy puro afecto;
re al palo
en tu boca y sentimientos.

Yo te quiero
Yo te aguanto
Re piola
De una
Estos besos mogólicos de base
son promesa que:

Vos para mí y yo para vos,
por siempre,
posta.

# No volvamos nunca

Loco, vamos por unas birras más
que tengo un amor menos
y ya no hay cigarrillos.

Vamos a algún lugar creyendo que todavía
tenemos algo que esperar.

Vámonos y no volvamos nunca a ningún
    lugar.

Todo va a estar bien, posta,
si total…
Ninguna muerte puede contra una boca
    llena de pija,
unas birras más
y la puta creencia de que todavía tenemos
    algo que esperar.

# Aguante

Yo quiero un buen pibe
que se la banque
sin vueltas
toda la noche.

Yo quiero un buen pibe
que me banque
las lágrimas
el silencio
toda la noche.

Yo quiero un buen pibe
que me la dé sin vueltas
sin lágrimas y en silencio
todas las noches.

Yo quiero un buen pibe
que se banque todas las noches
que yo
no tengo nada bueno para dar.

# Ruta 22

Su descarado sudor brilla como un faro.
Me encanta esa sonrisa falsa desde la puerta
   del auto y todas esas palabras suaves que
   me abrazan pudriéndose en el fondo del
   asiento de atrás.

Y eso es todo…

La bellísima piel de su espalda ardiendo al sol;
el pelo mojado;
el no de los limpiaparabrisas;
el beso de la ventanilla;
otra vez un cigarrillo
y lo blanco en mi aliento.

Él se saca el shortcito
y maneja desnudo toda la noche.

LLEGÓ
cuando vos te fuiste.

Justo
cuando lo último de tu boca
se borraba de la mía,
entró.

La tristeza
me hizo nido
hueso adentro.

Yo,
que todavía puedo hablar,
le daría mi boca entera
a la única palabra
que no te nombre.

El silencio es
los que no están.

La soledad es
el pan amargo
que se sirve en mesas vacías.

Hoy
la muerte
se acordó
de esta casa.

# Mañana tarde

Me caigo de mis ojos
entre todos mis cuerpos.

Mojo la noche en mis dedos
y cada intento de lamentarlo
enfría todavía más mis abrigos.

Mis besos son de vidrio
y mi latido,
ese hueco intenso,
nunca más.

CADA DÍA MÁS
mi tristeza
se pone tu nombre
y a caballo de mi voz
sale a buscarte.

QUE TE AGARRE LA MANO
siempre y mucho más fuerte
cuando vayas a tomar.

Que no te suelte
Que no tenga miedo.

Que sepa entenderlo
porque vos aun a pedazos
todavía podés amarlo
aunque ni puedas estar en pie
de haber tomado tanto.

Él ya debería saberlo,
es así…
Vos estás drogado…
de nuevo.

## Pasta base

Me lanzo;

Me estiro y me desgarro;

Sobre mis propias heridas;

Por Merlo;

Me lleno de vacío
y me pierdo
llorando la brisa.

Un rayo furioso
que parece un grito ahogado
es un pibe
por las calles del barrio.

Con un amor furioso
que parece haberlo olvidado
Es ese pibe
por las calles del barrio.

No llores, guacho.
Mejor apurá esas topper
y ya olvidate de ese gil.

No llores, guacho.
Mejor abrí la bragueta
y tomá lo que queda de cerveza
mientras te ganás unos pesos por
    dejártela chupar.

# HMR

Doy el humo y las cenizas.

Doy un trago más
y quiero que digas algo.

Yo soy una desgracia.

Nieva en mi nariz
un gramo de soledad.

# Trueno

El trueno me agita.

Un relámpago blanco me llena;
me lleva.

Mis párpados oscurecen el mundo;
relámpago blanco
y luego el trueno.

Maravilloso maquillaje interior;
eso que exagera mi mueca.

Yo
pinto mis labios
con una tibia gota de semen.

# Fede

Fede viene a las noches.
Fede viene en el frío de cada silencio.

Él besa como un vidrio roto
y deja lo suyo
hundiendo cada mirada en mi bragueta.

Fede, que es un kapo,
me prometió que se hundirá en mis besos
como un vidrio roto
y que cada noche me dejará lo suyo viniendo
    en silencio a hundirse
en mi bragueta.

HUBO UN DÍA
con algunas pastillas y mucha cerveza
Y ya había muchas distancias
en esto que llamo corazón.

Hubo otro día (o tal vez el mismo)
con líneas de merca servidas en un plato
    y media botella de whisky ahí en la cama
Y ya había muchas despedidas en esto que
    llamo corazón.

Hubo un día que me fui de todos lados
Pero
hubo un día más
(o tal vez todos)
con esto que llamo corazón
lleno de distancias y despedidas.

Yo
detrás mío
voy llevándome
en este cuerpo que es mi ataúd.

# R.D.V.

Si fui pendejo
fue de puro atrevido
zarpado de todo
Yo sabía quedarme callado
para ponerte al palo.

Yo te calenté y yo te calmé
todo desde muy guacho.

A vos te doy
todo mi honor, sucio y mal ganado,
de haber sido audaz
esa tarde.

# De paco

Cruzamos la calle hablando giladas
y me empuja contra un rincón.

Así, todo lo que el pibe dice lo borra con la
lengua y me mete la mano por debajo del
buzo.

Todo lo que el pibe toca lo entibia con su
aliento de cerveza.

Yo agradezco la calentura y el borrachismo.

Yo, cualquiera. El guacho es bueno y lo dejo
hacer… y me lo agradezco.

Agradezco los pipazos de paco y todos esos
pedacitos de mi horrible familia que
calientan mi sangre mientras el pibe me
hace la paja.

# Eh! Guacho

El mal
tan pequeño y bastardo
húmedo y triste
en la esquina de tu jeta.

Ahí,
toda la maldad de un pibe
bajo la poca luz de este ranchito.

Limpiate los labios
Secate esas lágrimas

Eh! Guacho

Te estoy diciendo "adiós".

# Life in the streets

Yo no quiero comprender.

Yo me transo al frío…

Su boca es una bolsita
y su lengua es de poxirrán.

# Lecheros

Acá
estos pibes
derrochamos besos
en el pico de la botella.

Todo piola

Todo bien

Negros cabeza
dejamos blancas
las sábanas del telo.

# Herb Ritts

Gil,
tirame el golpe pardo de tus ojos,
de boca hambrienta, húmedo.

Varón
Guacho
Perdido en la silla
sobre tu culo de Virreyes.

Gato,
Te re caben los baños.

Pibe,
Yo quiero ser vos.

# Lanús

Él me dio un beso
y me quedé callado,
muy callado,
como una caja de cartón vacía.

Él me toco la mano
Él me agarró la cara
—¿Qué pasa?

—Nada.
Volví a escucharme diciéndole,
como queriendo sonreír.

# Not dead

Dejo de lamer esas palabras de mis sábanas,
tal vez dormido,
a lo mejor muerto.

Cada hilo se me retuerce para que me dejes
   acá
comiendo del camino más tibio.

Tal vez dormido
me dejás acá;

Dejame más;

A lo mejor muerto.

# Piedra

Cuarenta pesos
por dos papeles.

Una mentira
por un amor.

Dos noches
sin dormir.

Una buena chupada de pija.

Casi vomitando la última cerveza.

Me tomo una raya más
y me cruzo a tu cama,
Por favor, mi amor,
abrazame muy fuerte
hasta que llegue la mañana.

# 5mm (Rituel)

Lo que ya dije
es ahora
tus pies mojados;

Esos latidos crujiendo
re lejos
en el hueco de mi pecho.

Lo que no dije
está sepultado entre noches
re lejos
como hace siempre
Ayer
Mañana
Recién.

UN PIBE QUE VALE LA PENA
Sabe que la birra se toma del pico de
la botella, por Morón y a las 3 de la
madrugada.

Un pibe por el que vale jugarse los viajes
Sabe que las rayas se peinan gruesas y que
después de un saque no hay nada más
delicioso que seguirlo con un beso muy
profundo.

Un pibe piola posta
Sabe muy bien que la pija se chupa
encerrados en mi pieza, tomando Gancia,
escuchando Metallica y armando un porro.

Un pibe por el que vale romperse el pecho
Sabe mejor que nadie que
"Te amo, no me dejes nunca" se dice con su
cabeza en mi hombro, sentados en el piso
de un furgón del Sarmiento, volviendo a
Merlo después de un recital de La Renga.

## Ted Dinard

Rompo con bronca
toda esta puta desilusión contra las paredes
   chorreadas de la tetera.

Miro unos bultos.

Me siento una mierda.

Creí que me amabas.

Me tomo una bolsita.

Me seca las lágrimas
y sigo yirando.

# Il rêve

Tu belleza de auto roto
y chonguito sensible.

Caro;

Fácil;

Dale, bonito
abrazame hasta ensuciarte todo
y peguémonos un tiro.

## Fierro leather

Afilo un cigarro con la jeta helada.

No sé si te extraño por amor o por despecho
pero
extrañarte me quema en estos pantalones.

Pero me aguanto todo esto,
me aguanto esta madrugada.

Voy a dejar una palabra más
antes que pinte otro cliente.

# Unikus

Muerdo mi idioma roto
desde que le chupaba la pija a Rubén
o desde hace mil años antes.

Pudro mis ovillos de palabras
entre los dientes.

Y ya sé que soy una mentira
que no puedo decírtelo todo
porque no tengo letra ni palabra
ni aullido ni silencio suficientes.

No tengo nada.
Nadie.
Yo tampoco.

## All man

Caminar por la Avenida Rivadavia
rumiando tu mirada
remendando tu nombre
Ya es casi un recuerdo
de casi cualquier noche.

Ay,

Volví al asco de mis esquinas
y canté mi tristeza con los pies.

## Catalina Ville


Apenas confiado en el brillo
del espejo nevado, cerca,
de la cara y el abismo del reflejo.

Caído en algún lugar
escucho llegar los ruidos,
las voces,
las estaciones,
el frío
y a nadie más.

El poco corazón que guardaba
se me muere
mecido en un furgón a Merlo.

# Terry Berg

Sangre
Hierve
Mancha
Tripas como lentejuelas.

Las luces aúllan chorros de claridad
y se callan, de repente.

Piedra; papel;

Piedra; papel;

La noche se puso blanca.

Las estrellas son paquetitos de papel glassé.

# Tripa

El blanco tierno de todas esas líneas que
    trazo para mis pajas.
El cuerpo blanco con promesas rosas
y sombras púbicas para llenarme la boca.

Hombre por hombre;
por noche; por decir;
Lo mío es llenarme la boca, sucia,
De promesas rosas
De sombras púbicas
De cuerpos blancos
De noches
De hombres
De ternuras
De líneas
De trazos
De pajas.

# El Original

Dame
Pija, merca
Pija, merca
Dame duro.

Dame
Pija, merca
Pija, merca
Dame a cara de perro.

Dame pija
Dame merca
Dame re zarpado
Pija y merca
Pija y merca
Dame
Bardeala.

Yo me deseo lo peor,
Vos,
Dame.

# Rituel

Te chupé la pija un poco antes de salir y me
    creí vestido de halagos, de palabras fuertes
    y de una fortaleza todavía más grande para
    poder repetirlas cuando me besás.

Me vestís
Me hacés feliz con una bolsita
Y me hacés unos mimos antes de salir a la calle
para olvidarme.

## Once Plus

El apuro me hiere
Me empuja
Me exige.

En cada escalón
todos los escalones.

En cada roce
todos los roces.

En la película
las sombras
de todas las sombras que vi.

# Aussiebum

Nos pasó de nuevo,
otra vez y otra más.

Haciendo nido en los galpones
el guachito volvió a decírmelo,
a querer nombrarme con su nombre.

Yo armo otra línea.

De noche vendo mi piel en los desiertos.

Y ese hermoso pibito que no se rescata
me sigue chupando la pija
para jalarse mi papel.

## Dan Bomm (Rituel)

Rápido, pero lento en las curvas.

Todo está encendido
en las pocas oportunidades de verte los
    rincones.

Borro un beso
y vuelvo a dibujar otro, rápido.

Estiro las manos
apretando todo lo que está encendido en tus
    rincones.

Guacho,
Haceme lugar en tu bulto y condename a esa
    tibia cárcel de algodón.

# Cine box

Esas intuiciones rojas por la luz.

La voz colgada sobre la boca.

El falso temor de amar
El falso toque de falso sentimiento.

Todo
es un dolor prendido de detrás de cada paso
    que te adentra ahí
donde solo podés tener un sueño solo
ningún otro
sin nadie.

Y ahí sufrís el mismo sueño
todos los días.

## In utero

Voy a tragar la herida entera
hasta las manchas secas en mis sábanas.

Tengo los ojos de pared
y las bocas de uñas sucias.

Nunca voy a decir esta voz.

Ya dejemos acá
que el viento se lleve mi última hora.

Mío
no me queda nada
de lo que vos
no te hayas olvidado.

# La mano de Dios

En mi barrio
nada es más importante
que un pibe sin remera
sudando a mil en la canchita
humedeciendo todo el short de fulbito
adidas blanco, obvio guachín, bien blanco.
Nada es más importante para mí
que ese cuerpito atorrante
brillando de tan agitado
corriendo
llevando ese bulto atorrante
brillando de tan furioso
al frente, obvio guachín, bien al frente.
Nada es más importante un domingo
que ese flaquito sin remera
sudado
brillante
agitado
pasando de a ratos su mano por el bulto.
Yo lo miro y sé
que esa mano atorrante con la que arrulla de
    ratos su bulto, esa…
esa es la mano de Dios.

MI AMOR,

ay,

mi vida es una ruina
que voy abandonando.

AHÍ ESTOY YO

Otra vez, en la esquina que dijimos,
  esperándolo.


Con esta resaca que es cosa de siempre, con
  estos jeans que son tan viejos como mi
  ilusión y con estas zapatillas tan rotas como
  mi corazón.
Siempre lo mismo, pero ahí estoy yo
  esperándolo, en este barrio que es cosa de
  pocos.
Siempre lo mismo, y ahí viene él, siempre a
  tiempo, tranqui. Ahí viene él, el chico de
  corazón de piedra. Ahí viene él y se ve tan
  lindo como siempre con una cerveza en la
  mano.
Ahí viene él, con quien soñé irnos a recorrer
  el mundo y nunca trabajar, y siempre estar
  duros de merca y tomando whiscola.
Ahí llegó él, que tiene puesta mi vieja remera
  de los Rolling Stones. Ahí llegó él, quien
  una vez me dijo "Yo no te amo. Ojalá
  alguna vez aceptes mi amistad".

Pero ahí estamos otra vez, como en el tren a la
madrugada, como en la placita a la tarde,
como corriendo en la calle zafando de la
lluvia.

Ahí estamos otra vez… un par de besos, un
trago, una pitada. Como en Liniers, Merlo
o La Boca. Ahí estamos otra vez… y vamos
a mirarnos y sonreír, y algo más… sin dejar
de mirar su bragueta.

Sí. Ahí estamos otra vez.

Bien, vamos… hoy toca Agrupación Marilyn.

# Amor en bici

Ay guacho, cómo tira este corazón. Vos sos mi
    verdadero vicio, en serio, lo otro… lo otro
    es pena.
Loco, lo tuyo es tan puro como la más pura.
    Ay por mi viejita, yo no sé qué mierda me
    pasa con vos pero si tu corazón se queda
    conmigo en esta pieza… a la mierda con
    todo. Yo con vos me meto entero hasta las
    bolas. Ay, por vos guacho, no voy a tener
    miedo niaí…
    ni un poco… nunca más.
Ay, loco… sí. Así de jodido es este amor. Pero
    yo, como cualquier otro, solo quiero lo que
    cualquier otro pibe quiere en esta re puta
    vida: que al menos una vez, una tarde,
    venga a buscarte el varón que más te gusta
    para llevarte a pasear en su bici y tomar
    una birra hablando giladas y dar un par de
    vueltas por ahí.
El amor, posta, se siente como ir sentado en
    el caño de la bici del pibe de tus sueños.
    Sí. Así. Sintiendo su pecho cumbiero
    hinchándose en tu espalda y su voz… su voz

humedeciéndote el alma y canchereando al
pedalear.

El sol y el vientito de frente. Todo re tranqui…
Si total… después cogemos toda la noche
en mi pieza.

Así de jodido es todo esto. Así es como
jodidamente se siente todo este jodido amor.

Ay, guachín. Ay por mi viejita que yo te quiero
conmigo para todo. Para lo que dure. Para
lo que pinte. Para lo que aguante. Para lo
de siempre.

# Cualquier poema

Pija
Por la noche en un bondi a Ballester
Tocándosela a tu novio que la tiene tan dura
    como vos.

Merca
En un baño del centro
Tomado de la mano de tu novio que tiene
    puesta una remera de Almafuerte.

Pija mucha pija
a la tarde en mi cama toda revuelta
con el chonguito de la esquina.

Merca mucha merca
en el departamento de ese chavón que te paga
    para que te lo cojas.

Un poema
Cualquier poema
Re manija de merca y con la remera manchada
    de guasca,
Mi amor,
vamos para la estación a pegar base.

EN ESTOS PIES ME PUSE A VOLAR,

En esta boca me entregué entero,

En estas manos perdí la vergüenza,

En este pecho temblé de miedo,

En el amor me hice pobre,

En la soledad me hice vicioso,

En estos ojos lloré por amor,

En este cuerpo negocié mi hambre,

En la calle me puse precio,

En la noche me regalé,

En un poema arruiné mi vida,

En este cuerpo nací varón
pero chupándote la pija
yo me hice hombre.

# Bardo villero

Tomando otra birra con los pibes en la
   esquina vos te prendés de la botella
   brindando secretamente, muy secretamente,
   por este culo recién cogido.

¡Salud!
Por su pija un poco zarpada de merca.

¡Salud!
Por el guachín chupándola entera.

¡Salud!
Por este agujero tibio y emporrado que se
   abrió entero pero fingió negarse.

¡Salud!
Por cada embestida del guacho que me hacía
   rechinar junto con el catre.

¡Salud!
Por este culo lleno de pija que me hizo feliz
   en Once.

¡Salud!
Por la cumbia ahí bajito en la radio, por el
    cenicero lleno de todo y las botellas vacías y
    por el chamuyo barato de que no era puto
    niaí pero "es que drogado me re pinta
    cualquiera y capaz me cabe una pija,
    viste…".

¡Salud, muchachos!
Esta ronda pago yo.

# Falcon

Shhh, shhh

No

Shhh

Cogeme.

CON UNAS POCAS ILUSIONES
le hice un par de alas a mi corazón
por si acaso todavía
asomás en tu boca mi nombre.

Así,
por si acaso todavía me llamás,
Mi corazón
volando a tu boca
con unas pocas ilusiones
va.

Esto
Que me deja ardiendo el paladar en camas
  ajenas;

Esto
Que a veces me deja tosiendo unos días o
  sangrando la nariz;

Esto
Que a veces me deja golpes en el hombro o un
  corte en la rodilla;

Esto
solo es un acto de fe.

Todo esto es por tener la fe de que después de
  cada trago vendrá un poco de alegría.

Todo esto es por tener la fe de que después
  de cada raya de merca alguien vendrá a
  quererme.

Esto
es por tener la fe de que después de cada
    garche o pitada o esquina
ya voy a poder olvidarte.

# ¿De qué planeta viniste?

En marea la chongada
encara el baño después del partido.
Que rían
Que se toquen
Que se jodan.

En marea la chongada
en el baño se amontonan.
Que se rían
Que se toquen
Que se jodan.

En las duchas
Se ríen
Se tocan
Se joden.

Entra el Fede seguro por la izquierda
gambetea un par de rivales
entra al área
se saca el boxer, la tiene medio dura.
Se pone al lado del Mauro
mira fijo
sonríe y
Gol.

# Alta en el cielo

Dale, pibito
Todo tu corazón está para adelante.
Esta noche ningún guacho te va a decir que no.
Pintó la birra
Pintó la joda
Pintó la droga
y pinté un corazón con tu nombre en el bondi.

Dale, pibito
La cosa recién arranca,
que tu corazón me lleve para adelante.
Que esta noche nunca me digas no.
Vamos a buscar joda
Vamos a buscar un bondi en donde dibujar
    otro corazón con tu nombre.

Quién diría que nos amamos tanto
Quién diría no a tu corazón.
Tu boca es el cielo
Tu boca es el cielo
Tu boca es el cielo.

Dale, pibito
Tu pija y la mía
altas las dos
en el cielo.

# Plaza Once

Lo último
que me queda para tomar
es un bondi
a Liniers.

# Los nenes con los nenes

Ey, guachín

La noche se hizo larga
después me di cuenta.

Me arde la garganta
de tantas palabras.

Un perfume re lindo
Dos boletos del 86
Unos besos arrugados
Una caricia en el bolsillo
Una sonrisa y una marca en mi costado
me dicen que pasé la noche con vos.

Ey, guachín

Siempre voy a quererte
después me di cuenta.

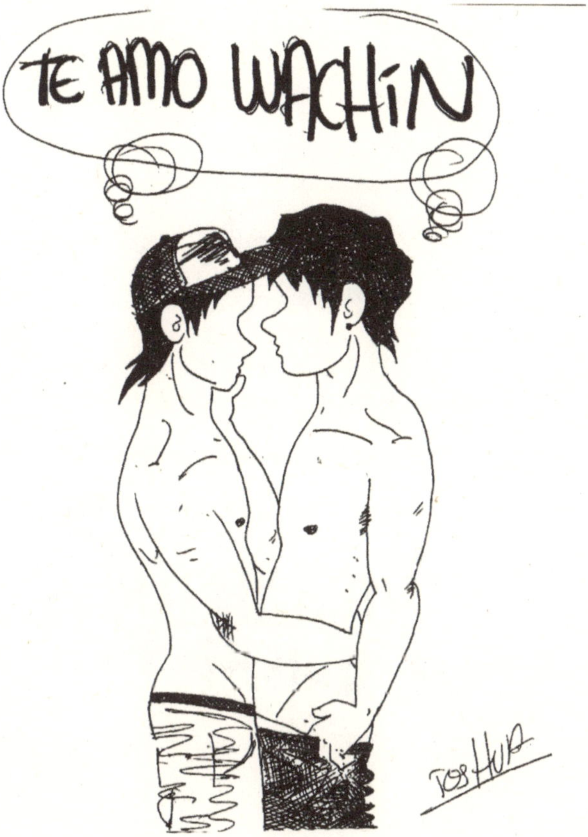
TE AMO WACHÍN

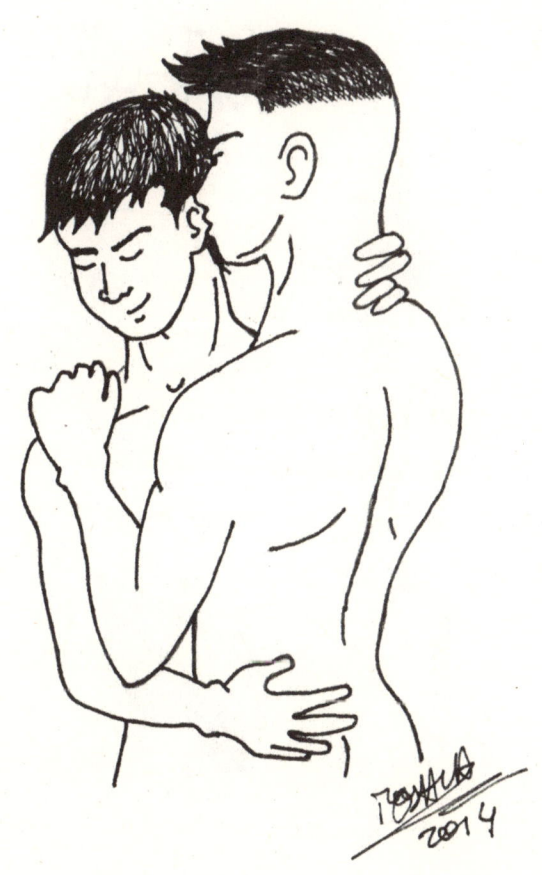

# Índice

Primera edición:
Nulú Bonsai Editora; Buenos Aires 2009
© de la edición:
Nulú Bonsai Editora, 2009-2024
© de los textos:
Herederos de Josué Marcos Belmonte, 2009-2024

Edición oficial autorizada por la editorial Nulú Bonsai
y los derechohabientes de Josué Marcos Belmonte
para editorial prole.

Diseño de la colección: Lluïsa Cobos
Ilustraciones: Ioshua

Barcelona, julio 2024
ISBN: 978-84-128020-9-2
Depósito legal: B 14304-2024

**prole.**
prole.cat
editorial@prole.cat